MI AMIGO NO ME HABLA

BUSCAR UNA SOLUCIÓN

Tú eliges el final

por Connie Colwell Miller • ilustrado por Sofia Cardoso

¿Alguna vez deseaste poder cambiar una historia o elegir un final diferente?

¡EN ESTOS LIBROS, PUEDES HACERLO!

Sigue leyendo y cuando veas esto:

¿QUÉ PASA DESPUÉS?

Ve a la página de esa opción y descubre qué pasa.

En esta historia, Presley, la mejor amiga de Joey, deja de hablarle. ¿Respetará Joey el espacio de su amiga, o empeorará las cosas? ¡TÚ decides!

En Matemáticas, el Sr. Leonard le hace una pregunta a Presley. Presley adivina: "¿Cuatro?". La respuesta es ocho. Joey dice en voz alta: "¡No puedo creer que no supieras eso!". Toda la clase lo escucha. Presley se siente avergonzada y enojada.

DA VUELTA A LA PÁGINA →

Después de clases, Presley sigue enojada por el comentario de Joey en Matemáticas. Joey quiere jugar con ella, pero ella está demasiado enojada para hablarle.

Joey le dice: "Lo siento, Presley. No quise avergonzarte. ¿Me perdonas?".

Presley solo sigue caminando.

¿QUÉ PASA DESPUÉS?

Si Joey sigue hablando, da vuelta a la página.

Si Joey respeta el espacio de Presley, ve a la página 12.

Joey está sorprendido, y un poco enojado, de que Presley no le hable. Cree que ella debería aceptar su disculpa ahora mismo.

Sigue insistiendo. "¿No puedes ya olvidarlo, Presley?". Presley sigue caminando. Ni siquiera lo mira.

¿QUÉ PASA DESPUÉS?

Si Joey sigue molestando, da vuelta a la página.

Si Joey deja que Presley se calme, ve a la página 16.

"Vaya, le estás dando demasiada importancia", dice Joey. "Ni siquiera dije algo tan malo".

La cara de Presley se pone roja.

¿QUÉ PASA DESPUÉS?

→ Si Joey culpa a Presley de la pelea, da vuelta a la página.

Si Joey deja a Presley en paz, ve a la página 20. ←

Joey dice: "Estás actuando como una bebé".

Presley revienta. "¡No quiero jugar contigo ni hoy ni nunca más!".

Presley se va enojada a su casa. Joey piensa en lo que dijo y desearía no haberlo dicho. Espera que Presley lo perdone pronto. Definitivamente no lo hará hoy.

FIN

Ve a la página 23.

Open

Joey dice: "En verdad lo siento, Presley. Puedo ver que necesitas tiempo a solas. Ven a mi casa a jugar cuando quieras".

Presley se va a su casa sin decir una palabra.

DA VUELTA A LA PÁGINA →

Presley sabe que Joey no quiso hacerla sentir mal, pero ella sigue enojada. Al cabo de unas horas, ella se calma y se siente mejor.

Después de cenar, Presley va a la casa de Joey. Joey se alegra de haberle dado a su amiga el espacio que necesitaba.

FIN

Ve a la página 23.

147

Los ojos de Presley se ven enojados. Joey se da cuenta de que ella necesita tiempo. Él no entiende por qué ella está tan enojada, pero sabe que ya mismo no puede hacerla cambiar de opinión.

Se siente un poco triste, pero sabe que el tiempo puede arreglar las cosas.

DA VUELTA A LA PÁGINA

Después de la cena, Presley llama. "Hola, Joey, perdóname por haber dejado de hablarte. ¡La próxima vez, no te rías de mí en frente de toda la clase!".

"Te entiendo, Presley. Discúlpame, no lo volveré a hacer. ¿Quieres jugar mañana?".

Ella responde: "Claro. Sigues siendo mi amigo".

Joey está feliz porque se reconciliaron y está emocionado por mañana.

FIN

Ve a la página 23.

Joey no entiende por qué Presley está tan enojada. Pero se da cuenta de que él está empeorando el problema.

"Perdóname, Presley. Te dejaré en paz".

DA VUELTA A LA PÁGINA →

Al día siguiente, en la escuela, Presley aún sigue enojada. Joey quiere hablar, pero ve que Presley no está lista. Joey se da cuenta de que debe darle tiempo.

FIN

PIENSA OTRA VEZ

- ¿Qué pasó al final del camino que elegiste?
- ¿Te gustó ese final?
- Regresa a la página 3. Lee el cuento de nuevo y elige diferentes opciones. ¿Cómo cambió la historia?

Todos podemos decidir cómo actuar cuando alguien no nos habla. Si un amigo no te hablara por algo que hiciste, ¿TÚ lo obligarías a hablar, o respetarías su espacio?

A mi dulce Irene—C.C.M.

AMICUS ILLUSTRATED es una publicación de Amicus
P.O. Box 227, Mankato, MN 56002
www.amicuspublishing.us

Library of Congress Cataloging-in-Publication Data
Names: Miller, Connie Colwell, 1976- author. | Cardoso, Sofia (Illustrator), illustrator.
Title: Mi amigo no me habla : buscar una solución / por Connie Colwell Miller ; ilustrado por Sofia Cardoso.
Other titles: My friend won't talk to me. Spanish
Description: Mankato, Minnesota : Amicus, [2023] | Series: Tomando buenas decisiones | Audience: Ages 6-9 | Audience: Grades 2-3 | Summary: "In this illustrated Spanish choose-your-own-ending picture book, Joey makes fun of his friend Presley in front of the whole math class. Presley gets so angry that she won't talk to him. Will she accept his apology and save their friendship? Readers make choices for Joey, with each story path leading to different outcomes. Includes four endings and discussion questions"—Provided by publisher.
Identifiers: LCCN 2022002413 (print) | LCCN 2022002414 (ebook) | ISBN 9781645494805 (library binding) | ISBN 9781681528878 (paperback) | ISBN 9781645494867 (pdf)
Subjects: LCSH: Apologizing--Juvenile literature. | Anger in children--Juvenile literature. | Friendship in children--Juvenile literature.
Classification: LCC BF575.A75 M5518 2023 (print) | LCC BF575.A75 (ebook) | DDC 302.34083--dc23/eng/20211217
LC record available at https://lccn.loc.gov/2022002413
LC ebook record available at https://lccn.loc.gov/2022002414

Rebecca Glaser, editora
Kathleen Petelinsek, diseñadora de la serie
Catherine Berthiaume, diseñadora de libra

ACERCA DE LA AUTORA

Connie Colwell Miller es una escritora, editora, e instructora que vive en Le Sueur, Minnesota, con sus cuatro hijos. Ha escrito más de 100 libros para niños pequeños. Le gusta contarles cuentos a sus hijos para enseñarles lecciones de vida importantes.

ACERCA DE LA ILUSTRADORA

Sofia Cardoso es una ilustradora de libros para niños, diseñadora y gastrónoma portuguesa, cuya pasión por la ilustración se remonta a su niñez. Usando una combinación de métodos tradicionales y digitales, pasa sus días creando ilustraciones divertidas, llenas de color y personajes de corta edad que quieren inspirar alegría y creatividad en los niños y en quienes tienen alma de niño.